EDIZIONI FARINELLI | **FILM STUDY PROGRAM**

Pane e tulipani

(Bread & Tulips)

EDIZIONI FARINELLI | FILM STUDY PROGRAM

Pane e tulipani
(Bread & Tulips)

NICOLETTA TINOZZI

www.EdizioniFarinelli.com

Other books by Nicoletta Tinozzi

EF Film Study Program: Io non ho paura

Edited by Anna Maria Salmeri Pherson

Cover Design by Shannon Reeves

Published by Edizioni Farinelli
New York, NY
Tel: + 1-212-751-2427
Email: info@edizionifarinelli.com
www.edizionifarinelli.com

© Copyright 2008 Edizioni Farinelli. All Rights Reserved.

No part of this publication may be reproduced, stored in a retrieval system, or transmitted, in any form or by any means, electronic, mechanical, photocopying, recording, or otherwise, without the prior written permission of the copyright owner.

ISBN-13: 978-0-9795031-2-2

Printed in the United States of America

Still photos courtesy of Sony Pictures.

NICOLETTA TINOZZI

Nicoletta Tinozzi is senior lecturer in Italian at the University of California, Riverside where she teaches Italian language, literature, cinema and culture. A native of Pescara, Italy, she holds a degree in Foreign Languages and Literatures from La Sapienza University, Rome, and an MA and Ph.D. in Italian Literature from the University of California, Los Angeles, with a dissertation on 18th century Italian playwright Vittorio Alfieri.

She has written papers on several contemporary Italian writers including Luca Desiato, Paola Masino, Anna Banti, and Clara Sereni. She also has done several translations in art history, literature and botany.

In addition to her native Italian, she is fluent in English, Spanish and Farsi, and has a reading knowledge of French and Latin. She currently lives in Southern California with her husband and two daughters.

ACKNOWLEDGEMENTS

I wish to thank both my publisher Jean Farinelli and my editor Anna Maria Salmeri Pherson for their assistance, patience and invaluable suggestions.

I am also grateful to my husband and to my daughters for their continuous support and encouragement.

NOTE TO TEACHERS AND STUDENTS

This EF Film Study Program *Bread & Tulips* (Pane e tulipani) helps students learning Italian to review common grammatical structures and introduces them to various idiomatic expressions and aspects of Italian culture through an internationally acclaimed film. Effective use helps students increase their comprehension skills and speaking ability.

The text corresponds to seven sequences in the film, each approximately 15 minutes in length. Actual viewing times are indicated in the table of contents. For each sequence there are numerous exercises including some that encourage students to creatively form their own sentences, both orally and in writing.

My recommendation to teachers and students is to use the text as follows:

Students should watch each sequence at least twice without subtitles. Then students should work on the comprehension exercises before viewing the sequence again with subtitles to check their answers. In class, teachers can assign the grammar exercises as homework and correct them in class the following day. Sections B and D also can be assigned as homework. The writing exercises should be done in two steps: rough draft and final draft.

The material in this film study text also can aid students in their preparation for standardized tests in Italian such as SAT II and the Advanced Placement exam.

Buona visione!

Nicoletta Tinozzi
Alta Loma, CA

EF FILM STUDY PROGRAM:
Pane e tulipani *(Bread & Tulips)*

TRAMA	9
INTERVISTA A SILVIO SOLDINI Comprensione	10
PRIMA SEQUENZA (00:02:50) Attività di comprensione Area tematica: guidare in Italia Grammatica: il presente indicativo e il futuro dei verbi regolari e irregolari Lettura e comprensione: La patente e il patentino	11 11 12 13 14
SECONDA SEQUENZA (00:19:37) Attività di comprensione Area tematica: le antichità italiane Grammatica: il passato prossimo, l'imperfetto e il trapassato prossimo Lettura e comprensione: Pompei	17 17 18 20 21
TERZA SEQUENZA (00:34:00) Attività di comprensione Area tematica: il turismo e le vacanze Grammatica: i pronomi di oggetto diretto e indiretto, *ci* e *ne* Lettura e comprensione: Un'Italia meno nota	23 23 25 26 27
QUARTA SEQUENZA (00:45:32) Attività di comprensione Area tematica: a casa Grammatica: l'imperativo Lettura e comprensione: I giovani italiani: che mammoni!	29 29 30 31 32
QUINTA SEQUENZA (01:01:34) Attività di comprensione Area tematica: la musica Grammatica: il condizionale presente e passato Lettura e comprensione: La musica leggera italiana	35 35 36 38 39
SESTA SEQUENZA (01:15:06) Attività di comprensione Area tematica: mestieri e professioni Grammatica: il congiuntivo presente, passato, imperfetto e trapassato Lettura e comprensione: Il lavoro e la produzione industriale in Italia	41 41 42 44 45
SETTIMA SEQUENZA (01:37:01) Attività di comprensione Area tematica: il cinema e il teatro Grammatica: la concordanza dei tempi e il periodo ipotetico Lettura e comprensione: Il cinema italiano	47 47 48 50 51
SOLUZIONI	53

PANE E TULIPANI

Regia:
Silvio Soldini

Sceneggiatura:
Doriana Leondeff

Cast:
Licia Maglietta, Bruno Ganz, Giuseppe Battiston, Marina Massironi, Antonio Catania, Felice Andreasi

Produzione:
Istituto Luce SPA
Monogatari SRL
RAI Radiotelevisione Italiana

Anno:
2000

Genere:
Commedia

TRAMA

Rosalba, una casalinga di Pescara in gita turistica con il marito Mimmo e i due figli adolescenti, viene dimenticata in un autogrill. Invece di aspettare che il pullman del suo gruppo venga a riprenderla, chiede passaggi a vari automobilisti e si ritrova a Venezia. Qui alloggia prima presso una pensione, e poi a casa di Fernando, un islandese che lavora come cameriere in un ristorante della zona. Trova anche un lavoro presso il negozio di fiori di Fermo, un vecchio anarchico che presto la prende a benvolere. Nel frattempo Mimmo, per cercare di rintracciare Rosalba, invia a Venezia Costantino, un idraulico che ha da poco assunto nella sua ditta e che è appassionato di romanzi gialli. Questi riesce a trovare Rosalba, ma ben presto si innamora di Grazia, un'estetista massaggiatrice amica di Rosalba. Decide, quindi, di lasciare l'incarico e di licenziarsi. Dopo la visita di sua cognata Ketty, che la rimprovera di aver abbandonato la famiglia, Rosalba torna a Pescara e riprende la solita vita. Un giorno però riceve l'inaspettata visita di Fernando, che è venuto a dichiararle il suo amore....

➤ ⊙ ◄

INTERVISTA A SILVIO SOLDINI

Com'è nata l'idea del film e come si è sviluppata?

C'era il desiderio di raccontare un personaggio femminile senza drammi esistenziali o frustrazioni. Un personaggio semplice, non guidato nelle sue scelte da una particolare necessità di evasione. Una casalinga contenta del suo ruolo, che avrebbe probabilmente continuato a svolgere, se non fosse stata travolta dagli eventi. E noi semplicemente volevamo essere dimenticati con lei nell'autogrill[1] e fare insieme a lei il viaggio dentro una parte di se stessa che non conosceva.

Vi ha conquistato l'idea di raccontare delle vite "pesanti" che acquistano leggerezza attraverso gli eventi?

Sì, e trovo insopportabili i personaggi strutturati come delle macchiette. Mi piace raccontare dei personaggi penalizzati dall'apparenza, che non mostrano ciò che sono realmente. Dietro al marito prepotente che porta la famiglia a Pompei con un viaggio organizzato, dietro il cameriere burbero, dietro alla casalinga sognatrice c'è una verità.

Perché racconta sempre storie di donne?

Semplicemente perché le donne non lo fanno, e non lo fa quasi nessuno a dire il vero. Amo costruire dei personaggi femminili perché mi incuriosiscono e perché attraverso il loro coraggio posso raccontare meglio alcuni aspetti della vita. In realtà poi in questo film ci sono anche dei personaggi maschili forti.

In questo ultimo periodo c'è un ritorno del cinema italiano ai finali positivi, così come nel suo film. Come lo spiega? Sono cambiati i tempi?

Sinceramente dieci anni fa non avrei mai fatto un finale così. Mi sono accorto negli ultimi tempi dell'importanza di quello che lasci allo spettatore alla fine di un film. Da spettatore non mi piace uscire da un cinema con meno voglia di vivere di quando sono entrato.

Intervista adattata da http://www.italica.rai.it

Comprensione – Rispondi alle seguenti domande:

1. Come descrive Soldini il personaggio della protagonista del film?

2. Perché a Soldini piace raccontare di personaggi "penalizzati dall'apparenza?"

3. Perché al regista interessano i personaggi femminili?

4. In che modo è cambiato il finale dei film italiani negli ultimi dieci anni?

---

[1] Autogrill – ristoranti situati lungo le autostrade italiane

PRIMA SEQUENZA

Durante un viaggio con la sua famiglia, Rosalba si attarda in un bagno di un autogrill per recuperare un orecchino caduto nel water, e il pullman del suo gruppo riparte senza di lei. Rosalba decide di ritornare a casa in autostop, ma poi cambia idea e si fa portare a Venezia. Si sistema presso la piccola pensione Mirandolina e cena in un vicino ristorante dove il cameriere, un distinto signore con un accento straniero, la informa che, a causa di un'indisposizione del cuoco, il menù consiste solo di piatti freddi.

A ATTIVITÀ DI COMPRENSIONE

A1) Ripensando a ciò che hai visto nella sequenza, completa le seguenti frasi.

1. Rosalba resta molto tempo nel bagno dell'autogrill e allora....

   _____

2. Invece di aspettare che il pullman venga a riprenderla, Rosalba...

   _____

3. La donna che le dà il primo passaggio è molto diversa da Rosalba perché...

   _____

4. Appena arriva a Venezia Rosalba...

   _____

5. Quella sera al ristorante...

   _____

A2) Completa il seguente dialogo con le espressioni elencate.

prima di trasferirsi - ci va per lavoro - mi ha invitato - se vuole la porto io - Lei è di Udine - avevo capito - non proprio - Lei guida - io non ci sono mai stata

Rosalba: [1] _____?

Automobilista: No

Rosalba: Io [2] _____ che abitava là. [3] _____?

Automobilista: [4] _____

Rosalba: Mio fratello [5] _____ in Germania ci ha abitato due anni a Udine. [6] _____ un sacco di volte ad andarci. Voleva portarmi a Venezia. [7] _____.

Automobilista: Lei non è mai stata a Venezia? [8] _____.

Ci devo passare. [9] _____?

A3) Abbina le espressioni con le loro definizioni.

1. mannaggia!
2. fammi una cortesia
3. dare un bidone
4. un sacco di...
5. che ci posso fare?
6. su questo non ci piove
7. e mo'?
8. che schifo!
9. essere tagliati per...

[a] avere attitudine per...
[b] e adesso?
[c] non ci sono dubbi
[d] accidenti!
[e] che cosa disgustosa!
[f] per favore
[g] non mantenere un impegno con qualcuno
[h] una grande quantità di...
[i] non dipende da me

B AREA TEMATICA: GUIDARE IN ITALIA

B4) Abbina le parole con le loro definizioni.

1. la patente
2. la foto tessera
3. la marca da bollo
4. la Motorizzazione Civile
5. il patentino
6. la visita oculistica

[a] un tipo di francobollo che si applica su documenti ufficiali
[b] un documento che permette di guidare l'auto
[c] un ufficio che si occupa della circolazione stradale
[d] un esame medico della vista
[e] una piccola fotografia per passaporti e documenti vari
[f] un documento che permette di guidare alcuni tipi di ciclomotore a chi ha meno di diciotto anni

B5) Completa le frasi con le espressioni elencate.

il foglio rosa - l'autoscuola - medico legale - sedici - certificato medico - diciotto

1. Mirella non ha la patente perché non ha ancora _____ anni.
2. Si può ottenere _____ solo dopo aver superato l'esame di teoria.
3. Per imparare a guidare è necessario frequentare _____.
4. Sono andata dal _____ che mi ha fatto una visita oculistica.
5. Per dimostrare che si è in buona salute bisogna ottenere un _____.
6. Annalisa non guida la macchina, ma gira in motorino perché ha _____ anni.

B6) In gruppi di due o tre scambiatevi domande e risposte.

1. Hai la patente? Quando l'hai presa?
2. Nel tuo paese a quanti anni si può guidare?
3. Quanti e quali esami si devono superare per prendere la patente?
4. Nel tuo paese è necessario avere la patente per guidare un motorino?
5. Preferisci la macchina o il motorino? Perché?

C GRAMMATICA: IL PRESENTE INDICATIVO E IL FUTURO DEI VERBI REGOLARI E IRREGOLARI.

C7) Completa con il presente indicativo o il futuro.

1. Domani, se Rosalba _____ (fare) tardi, il pullman _____ (ripartire) senza di lei.

2. Mimmo Barletta e suo fratello _____ (avere) una ditta di sanitari. [Loro] _____ (dovere) svegliarsi molto presto la mattina per aprire il loro ufficio.

3. Sabato prossimo, quando io e Lucia _____ (arrivare) a Venezia, _____ (andare) alla pensione Mirandolina.

4. Tra due giorni Rosalba _____ (cercare) un lavoro a Venezia. Se lo _____ (trovare), _____ (potere) comprarsi qualche vestito e pagare una camera in una pensione.

5. Mimmo Barletta non _____ (riuscire) a capire sua moglie Rosalba. (Lui) _____ (arrabbiarsi) quando lei gli _____ (dire) che _____ (volere) restare a Venezia.

6. L'estate prossima io e Fernando _____ (vedere) molti ponti, canali e chiese.

C8) Commenta le seguenti situazioni usando il futuro di probabilità.

Esempio: *Carlo studia dalla mattina alla sera.* - ***Forse avrà un esame difficile.***

1. Rosalba si sente sola. _____

2. Mimmo è molto arrabbiato. _____

3. Rosalba non vuole tornare a Pescara. _____

4. L'automobilista chiede a Rosalba di guidare. _____

5. Stasera il ristorante offre solo piatti freddi. _____

D LETTURA E COMPRENSIONE

D9) La patente e il patentino

In Italia per poter prendere la patente B, quella che permette di guidare l'automobile, è necessario avere compiuto diciotto anni. Per prima cosa si deve andare dal medico legale per la visita oculistica. Dopo aver ottenuto un certificato medico, si può richiedere il "foglio rosa" un documento che permette di esercitarsi al volante. Se si frequenta un'autoscuola ci si può esercitare con un istruttore in una macchina con i doppi comandi. Altrimenti si può fare pratica a fianco di un'altra persona che abbia la patente da almeno 10 anni, ma è obbligatorio esporre un cartello con la lettera "P," cioè "principiante." sulla parte anteriore e posteriore della macchina.

Il foglio rosa ha una validità di sei mesi, e dopo un mese dal suo rilascio si può sostenere l'esame di teoria presso gli uffici della Motorizzazione Civile. Il test consiste di dieci domande a risposta multipla e si supera se non si fanno più di quattro errori. Si consiglia di esercitarsi ancora molto prima di sostenere l'esame di pratica che permetterà il rilascio della patente.

Dai quattordici ai diciotto anni è possibile guidare ciclomotori di varia cilindrata, appropriata all'età. In passato i ragazzi avevano la possibilità di guidare i motorini senza alcun tipo di patente, ma dal 2004 è diventato obbligatorio ottenere un "patentino," o "patente A." I corsi di teoria che sono offerti dalle scuole superiori, si basano su tre moduli: norme di comportamento, segnaletica e educazione al rispetto della legge. Anche per ottenere il patentino si deve sostenere un esame di teoria seguito da uno di pratica.

Rispondi alle seguenti domande:

1. A che età si può guidare l'automobile in Italia? Che mezzo di trasporto si può guidare prima di quell'età?

2. Che cos'è il foglio rosa?

3. Come ci si può esercitare al volante?

4. Quali esami si devono sostenere?

5. Che documento devono avere gli adolescenti che vogliono guidare un motorino?

6. Su quali punti chiave si basa il corso di teoria?

Per l'esercitazione scritta:

In Italia l'età minima per conseguire la patente è diciotto anni, ma in altri paesi è sedici anni. Secondo te qual è l'età giusta? Perché? Rispondi con un saggio di circa 150 parole.

SECONDA SEQUENZA

La mattina dopo Rosalba perde il treno per Pescara perché passa troppo tempo ad ammirare le bellezze di Venezia. Dopo aver avvertito la famiglia, va al ristorante della sera prima e chiede al cameriere se le può consigliare una pensione economica. Questi, che è di origine islandese e si chiama Fernando, le offre di ospitarla a casa sua. La mattina dopo, quando Rosalba si sveglia, trova la colazione pronta in cucina. Invece di ritornare a Pescara, decide di restare a Venezia e incomincia a lavorare presso un fioraio. Nel pomeriggio ritorna a casa di Fernando proprio in tempo per salvarlo, senza nemmeno rendersene conto, da un tentativo di suicidio. Grazia, una vicina di casa di Fernando, viene a chiedere aiuto perché ha il bagno allagato. Rosalba riesce a chiudere il rubinetto ed entrambe si bagnano dalla testa ai piedi.

A ATTIVITÀ DI COMPRENSIONE

A1) Ripensando a ciò che hai visto nella sequenza, completa le seguenti frasi.

1. Rosalba scrive un biglietto di ringraziamento perché…

2. Rosalba non può fare a meno di ammirare i monumenti di Venezia e così…

3. Rosalba telefona a Pescara perché…

4. Proprio quel giorno la Pensione Mirandolina ha chiuso e così Rosalba…

5. Fernando è molto gentile con Rosalba, infatti…

6. Nemmeno la mattina dopo Rosalba prende il treno per Pescara perché…

7. Grazia bussa alla porta perché…

A2) Abbina le espressioni con le loro definizioni.

1. rallegrarsi di qualcosa   [a] mi resta
2. avere il pollice verde   [b] passare
3. mi rimane   [c] essere contenti
4. è permesso?   [d] essere bravi con le piante
5. trascorrere   [e] saluti
6. baci a tutti!   [f] posso entrare?

A3) Riordina numericamente la sequenza di questo dialogo tra Rosalba e Fernando.

1. _____ Ma lei non è italiano.

2. _____ Qui ho trascorso più di una notte e posso assicurarle che l'apparenza lo penalizza. Le procuro le lenzuola.

3. _____ Reykjavik!

4. _____ Lasci! Faccio io! Non so davvero come ringraziarla.

5. _____ Quand'ero piccola sapevo tutte le capitali d'Europa a memoria. Poi, dopo mio nonno mi dava cento lire.

6. _____ Vicino.

7. _____ Il bagno è situato a pochi passi dall'imbocco del corridoio.

8. _____ No, vengo dall'Islanda.

9. _____ Me ne rallegro. Non si faccia scrupolo di chiudere a chiave se ciò può donare serenità alla sua notte.

B AREA TEMATICA: LE ANTICHITÀ ITALIANE

B4) Inserisci le espressioni appropriate. Effettua i cambiamenti necessari.

affreschi   colonne   rovine   statue   templi   anfiteatro
archeologi   scavi   sito archeologico   reperti archeologici
necropoli   urne cinerarie   anfore   la tomba   busti   villa

1. A Roma abbiamo visitato il Colosseo, il più grande _____ dell'Età Imperiale che si trova vicino alle _____ del Foro Romano.

2. Il culto dei morti era molto importante per gli Etruschi. Questo si può vedere nella famosa _____ di Cerveteri dove ci sono tombe con _____ e molti altri _____ .

3. Gli _____ di Pompei hanno avuto inizio nel 1748. Nel corso degli anni gli _____ hanno riportato alla luce edifici bellissimi come la Casa dei Vetti e la _____ dei Misteri con coloratissimi _____ sulle pareti.

4. Paestum è un importante _____ con bellissimi _____ dedicati a Era, Atena e Poseidone. Le loro _____ doriche e ioniche sono tra i migliori esemplari di questi stili.

5. Il Museo Nazionale Romano contiene una delle più importanti raccolte archeologiche del mondo. Vi si possono ammirare _____, _____, _____ e molti altri oggetti di epoca romana.

B5) Dopo avere ricercato su Internet o sull'enciclopedia i seguenti siti archeologici, identificali e descrivili con parole tue.

1. Terme di Caracalla

___

2. Ercolano

___

3. Ostia Antica

___

4. Villa Adriana

___

B6) Cerca l'espressione che "non c'entra" tra quelle elencate.

1. l'archeologo, lo scavo, la patente, la villa

2. l'affresco, l'istruttore, la colonna, l'altare

3. l'ascensore, il capitello, l'anfora, l'antropologo

4. il reperto, la trattoria, lo storico dell'arte, il museo

5. il busto, il calco, il restauro, il certificato

6. scavare, riposare, catalogare, conservare

C GRAMMATICA: IL PASSATO PROSSIMO, L'IMPERFETTO E IL TRAPASSATO PROSSIMO

C7) Riordina cronologicamente le azioni di Rosalba. Trasforma i verbi dal presente al passato prossimo.

1. Nel pomeriggio Fernando accompagna Rosalba a casa sua.
2. La mattina del secondo giorno Rosalba incomincia a lavorare da un fioraio.
3. Dopo il lavoro Rosalba ritorna a casa di Fernando.
4. La mattina dopo Rosalba perde il treno.
5. All'ora di pranzo Rosalba va al ristorante e parla con il cameriere.
6. Qualcuno suona alla porta.
7. Rosalba telefona a suo marito per avvertirlo.
8. Fernando rinuncia a suicidarsi.
9. Rosalba entra a casa di Fernando con un bouquet di fiori.

1. *La mattina dopo Rosalba ha perso il treno.*
2. _____
3. _____
4. _____
5. _____
6. _____
7. _____
8. _____
9. _____

C8) Completa il brano coniugando i verbi al passato prossimo o all'imperfetto.

La settimana scorsa Rosalba, Mimmo e i loro figli [1]_____(decidere) di andare a Paestum e a Pompei con un tour organizzato. Durante il viaggio di ritorno, il pullman [2]_____(fermarsi) a un autogrill e tutti [3]_____ (scendere) per andare a bere qualcosa o per usare la toilette. Purtroppo, mentre Rosalba [4]_____ (essere) in bagno, i suoi compagni di viaggio non [5]_____ (accorgersi) della sua assenza, e il pullman [6]_____ (ripartire) senza di lei. Rosalba non [7]_____ (avere) un telefonino e non [8]_____ (ricordare) nemmeno il numero di Mimmo. Mentre [9]_____(aspettare) davanti alla porta dell'autogrill, un po' scoraggiata, [10]_____(incontrare) una signora che le [11]_____(dare) un passaggio con la sua macchina. Invece di ritornare a Pescara, Rosalba [12]_____(dirigersi) a Venezia!

C9) Completa usando le espressioni elencate al trapassato prossimo.

sposarsi - prendere la patente - ripartire - perdere il treno
avere due figli - nascondere la corda - preparare la colazione e uscire

Esempio: *Alle otto di sera Anna aveva già cenato.*

1. A diciotto anni Mimmo_____.

2. Quando Rosalba è uscita dalla toilette, il pullman_____.

3. A ventidue anni Mimmo e Rosalba_____.

4. Quando è arrivata alla stazione Rosalba_____.

5. Quando Rosalba si è svegliata, Fernando_____.

6. A venticinque anni Rosalba_____.

7. Quando Rosalba è entrata nell'appartamento, Fernando_____.

D LETTURA E COMPRENSIONE

D10) Pompei

Pompei ha origini antichissime che risalgono a duemila anni prima di Cristo. Abitata inizialmente dagli Opici e dagli Oschi, fu successivamente invasa e colonizzata dai Greci, dagli Etruschi e dai Sanniti. Questi ultimi furono sconfitti dai Romani nel 310 a.C.[2] e fu così che Pompei entrò a far parte dello stato romano.

Pompei, che inizialmente aveva un'economia basata sull'agricoltura, sotto il dominio di Roma si trasformò in un importante centro industriale e commerciale. Grazie alla sua posizione nella ridente vallata ai piedi del Vesuvio e a breve distanza dall'incantevole golfo di Napoli, Pompei divenne una meta di villeggiatura molto popolare tra i ricchi romani che si fecero costruire sontuose ville nelle campagne circostanti e lungo la costa.

Un primo grande disastro naturale colpì Pompei nel 62 d.C[3] quando un terribile terremoto distrusse o danneggiò gran parte degli edifici. Gli abitanti cominciarono subito a ricostruire e colsero anche l'occasione per ingrandire il foro e costruire nuovi edifici secondo lo stile architettonico più in voga all'epoca. I lavori non erano ancora finiti quando diciassette anni dopo, nel 79 d.C., sopraggiunse la distruzione finale.

La mattina del 24 agosto di quell'anno il Vesuvio eruttò riversando tonnellate di lava incandescente, vapori velenosi e cenere su Pompei, Ercolano e Stabia. Le tre cittadine furono completamente sepolte e rimasero in questo stato per quasi 1700 anni, fino a quando, nel 1748, incominciarono gli scavi. Questi continuano tuttora riportando alla luce case, ville, strade ed edifici pubblici in ottimo stato di conservazione. Questi ritrovamenti offrono un quadro della vita quotidiana in una città romana dell'epoca imperiale. Ogni anno migliaia di turisti visitano gli scavi di Pompei ed Ercolano.

Rispondi alle seguenti domande:

1. Chi colonizzò Pompei prima dei Romani?

2. Che tipo di città era Pompei? Perché ci andavano i ricchi romani?

---

[2] a.C. significa avanti Cristo, cioè prima di Cristo.
[3] d.C. significa dopo Cristo.

3. Che successe nel 62d.C.?

4. Che cosa successe a Pompei, Ercolano e Stabia nel 79d.C.?

5. Perché gli scavi di Pompei attirano tanti turisti?

Per l'esercitazione scritta:

Scrivi un saggio di circa 150 parole sul seguente argomento: Quando hai studiato la storia del tuo paese, qual è l'avvenimento che ti ha interessato di più? Parlane e spiega perché lo hai trovato tanto affascinante.

TERZA SEQUENZA

Quando Fernando ritorna, vede che Rosalba sta pulendo l'appartamento e resta turbato perché ha paura che la donna possa aver visto la corda nascosta sotto il letto. Rosalba gli chiede ospitalità per un altro po' di tempo e Fernando le offre una stanza in disuso in fondo al corridoio. Nel frattempo a Pescara arriva una lettera di Rosalba che annuncia la sua decisione di restare ancora un po' a Venezia perché ha bisogno di una vacanza. Incredulo e disperato, il marito di Rosalba si confida con la sua amante. Per cercare di rintracciare Rosalba, Mimmo assume un giovane idraulico appassionato di romanzi gialli e lo manda a Venezia. Dopo aver salutato la mamma superprotettiva, Costantino parte per la Serenissima. Qui un uomo incontrato alla stazione lo convince ad alloggiare all'Hotel Rex, ovvero una vecchia barca ormeggiata in un canale.

A ATTIVITÀ DI COMPRENSIONE

A1) Ripensando a ciò che hai visto nella sequenza, completa le seguenti frasi.

1. Rosalba decide di fare le pulizie perché...

2. Fernando ha nascosto la corda sotto il letto e allora...

3. Fernando ha una stanza in più in fondo al corridoio e...

4. Quando Mimmo ritorna a casa...

5. Mimmo chiede aiuto alla sua amante e...

6. Quando Mimmo parla con Costantino...

7. Al suo arrivo a Venezia Costantino...

A2) Completa con le espressioni qui sotto elencate.

> non mi sono nemmeno presentata - la prego, mi aiuti - s'è tutta bagnata - e dov'è un'ospite - non c'è Fernando - di qua - non lo so - bisogna chiudere come dov'è - non so come avrei fatto

Grazia: [1] _____?

Rosalba: No.

Grazia: E dov'è?

Rosalba: [2] _____.

Grazia: [3] _____. Mi si sta allagando il bagno. Per favore,

[4] _____.

Rosalba: Oh Madonna! E qua [5] _____ il rubinetto centrale.

Grazia: [6] _____?

Rosalba: [7] _____? Non lo sa?

Grazia: No.

Rosalba: Che incubo!

Grazia: [8] _____. Piacere, Grazia Reginella, estetista e

massaggiatrice olistica.

Rosalba: Rosalba Maresanto, casalinga.

Grazia: Senza di lei [9] _____. Grazie mille!

Rosalba: Prego.

Grazia: Lei è un'amica di Fernando?

Rosalba: No, [10] _____.

Grazia: Che è qui in vacanza?

Rosalba: Vacanza? Sì.

Grazia: Oh mio Dio! [11] _____! Mi dispiace! Cosa posso fare? Ah! Le

va una vodka?

A3) Determina se le frasi sono vere o false.

1. Mimmo si arrabbia perché l'accappatoio è nell'ingresso.	V	F
2. I due figli non hanno ancora letto la lettera di Rosalba.	V	F
3. Nella lettera Rosalba dice che tornerà presto.	V	F
4. Ketty accetta di stirare le camicie di Mimmo.	V	F
5. Nancy ha bisogno dell'asciugacapelli da viaggio di Rosalba per una crociera.	V	F
6. L'avvocato di Mimmo gli dà dei buoni consigli per telefono.	V	F
7. Costantino non è né sposato né fidanzato.	V	F
8. Costantino sta andando in campeggio a Margherita di Savoia.	V	F
9. Costantino ha intenzione di trovare una stanza a Venezia.	V	F
10. L'uomo incontrato alla stazione dice che è facile trovare alloggio a Venezia.	V	F

B AREA TEMATICA: IL TURISMO E LE VACANZE

B4) Cerca l'espressione che "non c'entra" tra quelle elencate.

1. **La piscina:** i tuffi, lo stile libero, prendere il sole, matrimoniale, la lezione di nuoto, il salvataggio, la lezione di acquagym.

2. **L'albergo:** la mezza pensione, la camera singola, tre stelle, la scalata, la prenotazione, l'alta stagione, il portiere.

3. **La spiaggia:** l'ombrellone, il bagnino, l'abbonamento, l'abbronzatura, la sedia a sdraio, la crema solare, il telo da bagno.

4. **La città d'arte:** il museo, la piazza, la fontana, la guida turistica, l'arco, le antichità, il Ministero dei Beni Culturali, gli occhiali da sole.

5. **Il campeggio:** la tenda, il biglietto, il sacco a pelo, la canna da pesca, gli scarponi da montagna, la bussola, l'escursione.

B5) Completa con le espressioni corrette.

pensioni, il televisore, una tenda, turisti, ostelli della gioventù, un sacco a pelo, l'aria condizionata, alberghi, camere singole, prenotare, campeggi

Ogni anno milioni di [1]_____ arrivano a Venezia attirati dal suo fascino e dalla sua bellezza. A Venezia ci sono molti [2]_____ situati all'interno di antichi palazzi lungo i canali. Questi sono spesso molto cari perciò chi non vuole spendere troppo alloggia presso piccole [3]_____ a conduzione familiare. I giovani si accontentano anche di [4]_____ dove però spesso non ci sono [5]_____ e mancano comodità come [6]_____ e [7]_____ in camera. Un po' fuori Venezia, nelle ridenti località balneari di Bibione e Caorle, è possibile soggiornare in [8]_____ bene attrezzati. Qui alcuni villeggianti dormono in comodi camper, mentre altri si accontentano di [9]_____ e di [10]_____. A causa della grande affluenza di visitatori, per trovare un qualunque tipo di alloggio a Venezia è necessario [11]_____ con molto anticipo.

B6) In gruppi di due o tre scambiatevi domande e risposte.

1. Quando eri piccolo/a facevi dei viaggi con la tua famiglia? Dove andavate?
2. In generale sceglievate l'albergo o il campeggio? Perché?
3. Hai fatto un viaggio con gli amici recentemente? Dove siete andati?
4. Conosci qualcuno che ha alloggiato presso un ostello della gioventù?
5. Che cosa ti ha raccontato? Si è trovato/a bene? Perché?

C GRAMMATICA: I PRONOMI DI OGGETTO DIRETTO E INDIRETTO, *CI* E *NE*

C7) Completate le frasi con i pronomi di oggetto diretto, indiretto, *ci* e *ne*.

1. Rosalba cerca lavoro e il fioraio _____ dà perché lei ha il pollice verde.
2. Fernando vuole uccidersi, ma Rosalba non _____ accorge perché lui nasconde la corda.
3. Rosalba ha deciso di rimanere a Venezia, ma Mimmo non lo sa. Quando lei _____ dice, lui si arrabbia moltissimo.
4. L'appartamento di Fernando è molto disordinato e così Rosalba _____ mette in ordine.
5. La mattina Rosalba va in cucina e _____ trova la colazione che Fernando _____ ha preparato.

C8) Rispondete alle domande con i pronomi di oggetto diretto, indiretto, *ci* o *ne*.

1. Perché il cameriere ha servito <u>una cena fredda a Rosalba</u>?

_____

_____

2. Perché Fernando ha nascosto <u>la corda sotto il letto</u>?

_____

_____

3. Quanti fiori ha portato a casa Rosalba?

_____

_____

4. Quando mi mostrerete Venezia?

_____

_____

5. Ci porterete al Ponte di Rialto?

_____

_____

D LETTURA E COMPRENSIONE

D9) Un'Italia meno nota

Tutti conoscono le famose città d'arte italiane come Roma, Firenze e Venezia con i loro meravigliosi monumenti e la loro ricchissima storia. C'è tuttavia un'altra Italia che la maggior parte dei turisti deve ancora scoprire, quella dei centri minori, città più piccole, località meno famose, ma non meno belle. Percorrendo la penisola da nord a sud si incontrano paesi e cittadine sulle quali le guide turistiche non si soffermano. Ospitano però incredibili tesori d'arte e vale la pena visitarle.

Cominciando da est incontriamo Trieste, città mitteleuropea che per più di cinquecento anni, fino al 1818, ha fatto parte dell'impero austriaco. Il suo simbolo è certamente lo splendido castello Miramare, a picco sul mare, che fu la residenza dell'arciduca Massimiliano d'Asburgo.

A sud-ovest di Trieste troviamo Padova, con la famosissima Cappella degli Scrovegni, ultimata da Giotto nel 1305. I suoi affreschi raccontano la vita della Madonna.

In Lombardia c'è poi Mantova famosa per il Palazzo Ducale con la Camera degli Sposi affrescata dal Mantegna. Non dimentichiamo Ravenna, in Emilia Romagna, dove si può visitare la basilica di Sant'Apollinare in Classe, un importantissimo monumento di arte bizantina dagli splendidi mosaici.

Procedendo verso il centro possiamo sostare ad Arezzo dove si può ammirare la chiesa di San Domenico con il celebre crocifisso di Cimabue. In Umbria ecco Terni le cui origini romane sono attestate dall'Anfiteatro Romano e da Porta Sant'Angelo. In Abruzzo, troviamo l'Aquila dove si può visitare la splendida chiesa romanica di Santa Maria di Collemaggio dalla facciata di marmo rosso e bianco, e anche la bella e insolita Fontana delle Novantanove Cannelle.

Continuando a viaggiare verso sud scopriamo la cittadina campana di Benevento con il grandioso Teatro Romano e l'antica cattedrale di Santa Maria Assunta. In Basilicata è d'obbligo fermarsi a Matera per ammirare i famosi "Sassi," abitazioni di origine preistorica scavate nella roccia, e la cattedrale romanica di Santa Maria della Bruna. Altrettanto bella e interessante è la città pugliese di Lecce, detta la perla del Salento per la preziosa architettura barocca del Duomo e della Cattedrale di Santa Croce. Sulla punta dello stivale troviamo Reggio Calabria con il suo maestoso Duomo di origine normanna dedicato a Santa Maria Assunta, e con il Museo Nazionale della Magna Grecia reso famoso dagli splendidi Bronzi di Riace che vi sono conservati.

Nelle pittoresche isole italiane della Sicilia e della Sardegna possiamo visitare la bella cittadina di Enna e gli antichissimi Nuraghi. Enna, situata a quasi mille metri di altezza in una zona montuosa vicino alla costa sud-occidentale della Sicilia, è nota per la Torre Pisana, una delle venti torri del Castello di Lombardia da cui si gode un incantevole panorama che abbraccia il mar Tirreno e il canale di Sicilia. I Nuraghi sono delle costruzioni megalitiche che si possono ammirare in tutto il territorio della Sardegna. Il mistero che avvolge questi edifici dalle mura poderose affascina sia gli storici e gli archeologi che i numerosi visitatori.

Rispondi alle seguenti domande:

1. Nel brano che cosa si intende dire con "un'altra Italia?"

2. Cosa sai del Castello Miramare?

3. Che cosa c'è da vedere a Mantova e a Ravenna?

4. Quali città si possono ammirare nell'Italia centrale?

5. Che cosa sono i Sassi di Matera?

6. Che cosa possiamo vedere a Reggio Calabria?

7. Che dice la lettura a proposito della Sicilia e della Sardegna?

Per l'esercitazione scritta:

Scrivi un saggio di circa 150 parole su alcune località della tua nazione che sono poco note, ma che, secondo te, sono interessanti e degne di essere visitate.

QUARTA SEQUENZA

Quando Rosalba apre l'armadio di Fernando per guardarsi nello specchio per vedere come le sta un nuovo vestito, trova per caso una vecchia fisarmonica. Più tardi Fernando le dice che qualcuno gliel'ha data per pagare un debito di gioco. Quella notte Rosalba sogna la donna che le ha dato un passaggio qualche giorno prima. La sconosciuta le confida di volere adottare un bambino, ma quando poi glielo mostra, Rosalba si accorge che è suo figlio Nic. Mentre Costantino cena sulla barca, gli telefona Mimmo che si arrabbia moltissimo quando Costantino gli dice che non ha ancora scoperto niente. Costantino ha un' idea per un "piano B."

A ATTIVITÀ DI COMPRENSIONE

A1) Ripensando a ciò che hai visto nella sequenza, completa le seguenti frasi.

1. Rosalba compra un nuovo vestito perché…

2. Quando Rosalba trova una vecchia fisarmonica nell' armadio…

3. In sogno, la donna che le ha dato un passaggio dice a Rosalba che…

4. Rosalba è un po' preoccupata quando Fermo…

5. Rosalba ritorna a casa tardi quella sera perché…

6. Quando Costantino risponde al telefono…

A2) Chi lo ha detto?

1. Mica hai visto la mia macchina fotografica? [a] Fermo
2. Ma per chi mi ha preso? Per un commerciante? [b] Costantino
3. Quella che pulisce la scale dice che ha un figlio. [c] Mimmo
4. Mentirei se dicessi di non aver notato la sua assenza. [d] Grazia
5. Per fortuna io con lo stomaco non ho avuto mai problemi. [e] Nic
6. Grossissime novità nemmeno oggi. [f] Fernando
7. Io le avevo chiesto dati concreti. [g] Rosalba

A3) Abbina le espressioni con le loro definizioni.

1. A chi lo dici! [a] essere capaci
2. Le cianfrusaglie [b] essere contenti
3. Essere in grado [c] una percentuale dello stipendio data prima
4. Dirne tante [d] sono d'accordo anch'io
5. La volta buona [e] oggetti inutili
6. Rallegrarsi [f] parlare di cose svariate e non necessariamente vere
7. L'anticipo [g] l'occasione giusta

B AREA TEMATICA: A CASA

B4) Completa con le espressioni appropriate.

l'affitto - il bicchiere - mescolare - le faccende domestiche - il piatto - lavare i vetri - scolare - lucidare - rammendare - spolverare - il cucchiaio - tritare - il mutuo - stirare - la forchetta - fare il bucato - il condominio - friggere - annaffiare - spolverare - l'inquilino/a - il coltello - dare la cera - la padella - apparecchiare - la pentola - passare l'aspirapolvere - sparecchiare - affettare - il tovagliolo - il condomino/la condomina - cucinare - la tovaglia - il contratto

1. Aldo e Lucia stanno per comprare un nuovo appartamento. Domani andranno dal notaio per firmare _____ di acquisto.

2. Ketty ha rifiutato di _____ le camicie di Mimmo.

3. Per comprare una casa, dopo aver pagato la caparra, è necessario pagare _____ ogni mese.

4. Nel palazzo di Fernando, Rosalba ha conosciuto Grazia, _____ della porta accanto.

5. Rosalba ha chiesto a Mimmo di _____ le piante un giorno sì, un giorno no.

6. Rosalba ha l'abitudine di _____ ogni settimana perché le piacciono i pavimenti puliti e brillanti, però bisogna fare attenzione quando si cammina se non si vuole scivolare.

B5) Inserisci alcune delle espressioni sopra elencate nella categoria appropriata.

In cucina	A tavola	Le pulizie

B6) Esercizio di conversazione. In gruppi di due o tre scambiatevi domande e risposte.

1. Tu e la tua famiglia abitate in una casa o in un condominio?
2. Aiuti i tuoi genitori a fare le faccende? Quali?
3. Quali sono le faccende che ti piacciono di più? E quelle che ti piacciono di meno?
4. La tua camera è ordinata o disordinata? Quando la pulisci?
5. Chi è più bravo in cucina? Qual è la sua specialità?

C GRAMMATICA: L'IMPERATIVO

C7) Rosalba dà ordini a varie persone. Forma delle frasi con l'imperativo.

1. A Nic e a Salvo - riordinare la camera _____
2. A Mimmo - avere pazienza _____
3. Al signor Fermo - fare un bouquet per il cliente _____
4. A Fernando - bere del vino rosso _____
5. A Grazia - finire il caffè _____
6. Al cliente - scegliere le rose _____
7. Ai turisti sul pullman - essere gentili _____
8. A Nancy - prendere l'asciugacapelli in bagno _____

C8) Rispondi con l'imperativo e sostituisci i pronomi ai nomi sottolineati.

Esempio: *Anna, perché non hai chiuso la porta?* _____*Chiudila!*_____

1. Mimmo, perché non hai lasciato la tua amante? _____
2. Ragazzi, perché bevete i liquori? Non_____
3. Signor Fermo, perché non fa lo sconto al cliente? _____
4. Salvo, perché ti svegli tardi? Non _____
5. Grazia e Fernando, perché non mi ascoltate? _____
6. Cameriere, perché non mi porta dell'acqua? _____
7. Rosalba, perché non mi presti il tuo asciugacapelli? _____
8. Nic, perché lasci i piatti sporchi sul tavolo? Non _____

D LETTURA E COMPRENSIONE

D9) I giovani italiani: che mammoni!

La famiglia, gli amici e l'amore sono valori molto importanti per gli italiani, ma la famiglia è certamente al primo posto. Il fenomeno dei mammoni o dei vitelloni[4] è direttamente collegato alla situazione familiare.

L'Italia è famosa per i suoi "mammoni." Circa l'81 per cento degli uomini italiani tra i 18 e i 30 anni vive ancora a casa con i genitori. Le ragazze, invece, sono più indipendenti dei ragazzi. Anche loro però restano a casa per anni, e certamente fino al matrimonio.

Le ragioni di questo fenomeno sono varie. Una delle più importanti è l'attaccamento alla famiglia e, di conseguenza, una situazione di reciproca dipendenza che esiste tra i figli adulti e i genitori già avanti nell'età. Per i figli è comodo e rassicurante avere la mamma che cucina i loro piatti preferiti, lava e stira i loro vestiti e - perché no? - li ascolta e li consiglia quando hanno dei problemi. Inoltre, il supporto economico dei genitori è anche molto utile. D'altro canto anche per i genitori i figli adulti possono essere un aiuto prezioso, specialmente se sono anziani e non guidano. Le mamme e i papà spesso si appoggiano sui figli sia per lavori di casa pesanti, come spostare[5] mobili e appendere tende, che per essere trasportati in automobile a sbrigare varie commissioni in banca, all'ufficio postale o dal medico. Inoltre, per i genitori anziani la compagnia dei figli è sempre un piacere.

Un'altra spiegazione di questo fenomeno è di natura economica. In Italia, soprattutto dopo l'introduzione dell'euro, tutto è molto più caro. Ottenere un mutuo[6] su una casa è più difficile che nel Nord America e la caparra[7] iniziale spesso equivale a un quarto o persino a metà del costo totale di tutta la casa. A questo si aggiunge il tasso di disoccupazione molto elevato, soprattutto al Sud o, in caso si sia riusciti a trovare un lavoro, gli stipendi bassi tanto da non permettere una vita indipendente. Di conseguenza il matrimonio viene spesso rimandato e si continua a stare a casa con mamma e papà.

---

[4] eterni adolescenti
[5] muovere
[6] prestito
[7] somma di denaro che si paga all'inizio

Rispondi alle seguenti domande:

1. Spiega i concetti di mammone" e "vitellone."

2. Chi sono più i mammoni i ragazzi o le ragazze?

3. Perché ai figli adulti piace abitare con i genitori?

4. I genitori italiani ospitano volentieri i loro figli per anni. Perché?

5. Spiega le ragioni economiche di questo fenomeno.

Per l'esercitazione scritta:

In 150 parole descrivi una serata tipica a casa tua all'ora di cena.

QUINTA SEQUENZA

Dopo aver suonato la fisarmonica per Grazia, Rosalba va a letto e sogna il marito e i due figli, Nic e Salvo, che giocano a carte nella cucina di Fernando. La mattina dopo si sveglia presto e pedina Fernando. Vede che va a prendere un bambino, lo porta a scuola e poi si allontana sopra una barchetta. Ritorna a casa per raccontare tutto a Grazia e, più tardi bussano alla porta il bambino e sua madre che hanno bisogno di una copia della loro chiave di casa. La giovane donna, Adele, racconta le sue disavventure a Rosalba e a Grazia. È stata abbandonata dall'uomo che l'ha messa incinta. Pensando che si tratti di Fernando, Rosalba gli chiede delle spiegazioni. Capisce presto però che l'uomo di cui parlava Adele è il figlio di Fernando e che il bambino, Eliseo, è solo il suo nipotino. Fernando le confessa di essere stato in carcere per aver accoltellato l'amante di sua moglie. Poi le mostra un manifesto con la foto di Rosalba dove è scritto "Wanted." Rosalba gli spiega che ha un marito e due figli a Pescara.

A ATTIVITÀ DI COMPRENSIONE

A1) Ripensando a ciò che hai visto nella sequenza, completa le seguenti frasi.

1. Rosalba segue Fernando la mattina e…

2. Adele ed Eliseo bussano alla porta perché…

3. Adele ha avuto una vita difficile perché…

4. Rosalba pensa che Fernando…

5. Però più tardi Rosalba si rende conto che…

6. Fernando racconta a Rosalba che…

7. E Rosalba confessa a Fernando che…

A2) Completa con le espressioni qui sotto elencate.

*questo particolare – mi deve scusare – quale macchia? – era un caro amico –
devo ammettere – ma che aveva fatto? – lasciano un segno indelebile*

Rosalba: Fernando, [1]_____, ma io a volte mi butto a parlare senza pensare.

Fernando: [2]_____ che la mia fiducia in lei ha vacillato. Ma in fondo anche io le ho taciuto una macchia del mio passato.

Rosalba: [3]_____.

Fernando: Apprezzo il suo tatto, ma gli anni di galera [4]_____.

Rosalba: Di galera?

Fernando: Devo dedurre che Adele abbia omesso [5]_____.

Rosalba: Eh sì, ha omesso. [6]_____.

Fernando: Ho affondato una lama nel ventre di un uomo. [7]_____, ma l'ho sorpreso a letto con mia moglie.

A3) Chi lo ha detto?

1.	ma io non ho fatto niente	**[a]**	Adele
2.	mi deve delle spiegazioni	**[b]**	Eliseo
3.	oggi è riposo	**[c]**	Fernando
4.	appena mi sbrigo vengo	**[d]**	Rosalba
5.	quando arriva nonno?	**[e]**	Grazia

B AREA TEMATICA: LA MUSICA

B4) Completa con le espressioni appropriate. Effettua i cambiamenti necessari.

*lo spartito - avere orecchio - il sassofono - accordare - la tromba - cantautore –
la fisarmonica – la batteria - il violoncello - essere stonato/a - le prove - la chitarra*

1. Zucchero è un famoso _____ italiano. Scrive le sue canzoni.

2. Da quando Nic suona _____ i vicini di casa protestano per il rumore assordante.

3. Quando Rosalba era piccolina, suo nonno suonava _____ durante le feste familiari e le zie ballavano. Era molto divertente.

4. Salvo _____ e canta benissimo, ma Nic _____ come una campana.

5. Una zia di Rosalba le ha regalato un vecchio pianoforte, ma deve farlo _____ perché è completamente scordato.

6. Quel famoso pianista conosce tutti i pezzi a memoria e suona senza leggere _____.

7. Mi piacciono gli strumenti a corda e perciò suono _____ e _____. Mia sorella, invece, preferisce quelli a fiato e suona _____ e _____ già da dieci anni.

8. Il teatro è chiuso al pubblico. L'orchestra sta facendo _____ per il concerto di stasera.

B5) Dopo aver ricercato su Internet o sull'enciclopedia i seguenti musicisti e cantautori italiani, identificali con parole tue.

1. Giuseppe Verdi
   _____
   _____
   _____

2. Fabrizio de Andrè
   _____
   _____
   _____

3. Antonio Vivaldi
   _____
   _____
   _____

4. Lucio Battisti
   _____
   _____
   _____

B6) In gruppi di due o tre scambiatevi domande e risposte.

1. Suonavi uno strumento musicale da piccolo/a? Quale? Lo suoni ancora?

2. Che tipo di musica ascolti?

3. Chi è il tuo gruppo/cantante preferito?

4. Sei mai andato a un loro/suo concerto? Ti piacerebbe andarci?

5. Ascolti la musica mentre studi? O preferisci studiare in silenzio?

C GRAMMATICA: IL CONDIZIONALE PRESENTE E PASSATO

C7) Costruisci delle frasi al condizionale presente utilizzando gli elementi delle tre colonne.

A	B	C
Io	volere fare un giro	in cucina
Grazia	bere un caffè	a Venezia
Eliseo e Adele	vivere	al Ponte di Rialto
Tu e Fernando	giocare a carte	in gondola
Tu	dovere lavorare	50.000 lire per l'albergo
Io e Rosalba	pagare	un film a casa di Grazia
Mimmo, Salvo e Nic	vedere	al bar
Costantino	andare	tutto il pomeriggio

1. _____
2. _____
3. _____
4. _____
5. _____
6. _____
7. _____
8. _____

C8) *Che cosa avrebbero fatto le seguenti persone?* **Rispondi al condizionale passato.**

Esempio: *io alla stazione – **Avrei comprato il biglietto del treno.***

1. La famiglia Barletta durante una gita a Paestum

_____

2. Rosalba nel negozio del fioraio

_____

3. Tu al ristorante di Fernando

---

4. Io e mia sorella prima di un viaggio

---

5. Tu e Nic a Pescara durante l'estate

---

6. La mamma di Costantino prima della partenza del figlio

---

7. Io il mio ultimo giorno a Venezia

---

8. I turisti all'autogrill

D LETTURA E COMPRENSIONE

D9) La musica leggera italiana

Negli ultimi quarant'anni la musica italiana ha subito dei grandi cambiamenti. Se inizialmente si contraddistingueva per il suo genere melodico con canzoni come "Volare" che, con il grande Domenico Modugno, hanno fatto il giro del mondo, dagli anni Sessanta in poi ha acquistato caratteristiche ben diverse.

L'arrivo del rock 'n' roll ha influenzato notevolmente le canzoni e i cantanti italiani. Ha formato alcuni dei grandi protagonisti della musica di quegli anni: Bobby Solo, Gianni Morandi, Mina e Rita Pavone. Comunque l'originalità della musica italiana è certamente da attribuire al fenomeno della canzone d'autore. Il talento di cantautori italiani come Lucio Battisti, Gino Paoli, Claudio Baglioni, Francesco de Gregori, Fabrizio De Andrè, e molti altri ha dato vita a una musica intima e a temi non solo romantici, ma anche politici e sociali.

Proprio per i suoi temi personali e così legati alla realtà italiana, la musica del Bel Paese non si prestava all'esportazione. Tuttavia negli ultimi 15 anni cantanti come Eros Ramazzotti, Laura Pausini, Zucchero e Tiziano Ferro si sono fatti conoscere in tutto il mondo, cantando i loro brani in varie lingue.

Cantanti di formazione classica come Luciano Pavarotti e Andrea Bocelli, hanno variato il loro repertorio, cantando insieme a cantanti pop del calibro di Zucchero, Lucio Dalla e Bono in occasione di megaconcerti di beneficenza. Canzoni come "Con te partirò" interpretata da Bocelli insieme a varie artiste italiane e internazionali, e "Caruso" composta da Lucio Dalla e cantata dall'autore insieme all'indimenticabile Pavarotti, hanno fatto il giro del mondo onorando la tradizione musicale italiana.

Rispondi alle seguenti domande:

1. Come è cambiata la musica italiana negli ultimi quarant'anni?
2. Che cosa dice la lettura a proposito del rock 'n' roll?
3. Perché è originale la musica italiana?
4. Quali sono le tematiche della musica italiana?
5. Che cosa hanno fatto cantanti come Ramazzotti e Pausini?
6. Che cosa hanno fatto Bocelli e Pavarotti?

Per l'esercitazione scritta:

Sei stato/a a un concerto? Di quale cantante o gruppo? Che tipo di musica hanno suonato? Con chi ci sei andato/a? Che avete fatto dopo il concerto? Scrivi un saggio di 150 parole sull'argomento.

SESTA SEQUENZA

Rosalba e Costantino si incontrano a Campo do Pozzi ma, quando lui le rivela di essere un detective privato mandato da suo marito, Rosalba scappa inseguita dall'uomo. Costantino dice a Mimmo di aver trovato sua moglie e poi la segue a casa. Mentre aspetta vicino al portone arriva Grazia che, scambiandolo per un suo cliente, lo conduce nel suo appartamento. Più tardi Rosalba nota con orrore un muro della città pieno di volantini con la sua foto. Ancora sotto shock, entra nel ristorante di Fernando che la convince a restare a cena. Dopo cena, mentre ballano in un locale, Fernando racconta a Rosalba che prima di andare in carcere faceva il cantante. Una volta a casa, Rosalba va da Grazia che le dice che il suo cliente è un idraulico che le ha riparato i tubi del bagno. Tra loro c'è stato un colpo di fulmine. Quando Rosalba vede il cliente si accorge che è il detective privato che la sta pedinando. Costantino, per dimostrare a Grazia che l'ama davvero, telefona a Mimmo, gli dice che si è sbagliato a proposito di Rosalba e si licenzia.

A ATTIVITÀ DI COMPRENSIONE

A1) Ripensando a ciò che hai visto nella sequenza, completa le seguenti frasi.

1. Rosalba scappa perché...

2. Quando Grazia vede Costantino...

3. Al ristorante di Fernando, Rosalba è preoccupata perché...

4. Dopo cena...

5. A casa Grazia...

6. Costantino ama Grazia, infatti...

A2) Abbina le espressioni con le loro definizioni.

1. a lei che gliene frega?
2. compiere un gesto fatale
3. sei sulla buona strada
4. dove sei finito/a?
5. non vedere l'ora
6. essere alle costole di una persona
7. ho sempre avuto sfiga[8]
8. un colpo di fulmine
9. ti scongiuro
10. il bicchiere della staffa

a. aspettare impazientemente
b. ti prego
c. non ho mai avuto fortuna
d. un amore improvviso
e. l'ultimo drink della serata
f. non so dove tu sia
g. non sono fatti suoi
h. fare qualcosa dalle gravi conseguenze
i. stai andando nella giusta direzione
k. seguire qualcuno

A3) Chi lo ha detto?

1. ho passato con te i momenti più belli della mia vita
2. la libertà è un diritto inviolabile
3. erano nove anni che non ballavo
4. io per i nomi sono un fenomeno
5. conosco una balera non lontana da qui

[a] Grazia
[b] Rosalba
[c] Fernando
[d] Costantino
[e] Fermo

B AREA TEMATICA: MESTIERI E PROFESSIONI

B4) Scegliete i vocaboli appropriati per completare le seguenti frasi.

l'idraulico - architetto - il dentista - il giudice - il cameriere - la casalinga - commercialista - meccanico - il cantante - l'avvocato

1. Costantino ha un appuntamento con _____ per farsi estrarre i denti del giudizio.

2. È molto difficile fare la dichiarazione delle tasse. Noi preferiamo andare dal _____.

3. Prima Rosalba faceva la segretaria, ma quando sono nati i bambini ha deciso di lasciare il lavoro e di fare _____.

4. Grazia e Rosalba non riescono a riparare il tubo del bagno. Bisogna chiamare _____.

5. Fernando ha una bellissima voce. Prima di andare in carcere faceva _____, però adesso fa _____ in un ristorante.

---
[8] sfiga – sfortuna (slang)

6. Da grande Eliseo ha intenzione di studiare legge perché vorrebbe fare _____ o il _____.

7. Come mai oggi prendi l'autobus? Non ho la macchina perché ieri l'ho portata dal _____. Ha dei problemi con i freni.

8. Questo edificio è molto bello. L'ha disegnato un famoso _____.

B5) Completa con le espressioni appropriate.

é andato in pensione - un colloquio - guadagnare - disoccupato - fare domanda - assuma - fare sciopero - part-time - un aumento - curriculum vitae - tempo pieno - agenzia di collocamento - stipendio - ha licenziato

1. Quando frequentava l'università Gina lavorava [1]_____ perché era troppo occupata con i compiti e con gli esami per fare un lavoro [2]_____. Il mese scorso Gina si è laureata e, dopo una vacanza premio alle Canarie, adesso è pronta per cominciare a [3]_____ di lavoro presso varie ditte. Ha preparato un [4]_____ molto dettagliato e lo ha portato a una [5]_____. Gina spera che una grande multinazionale la chiami per [6]_____ , che la [7]_____ e che le dia un buono [8]_____.

2. La famiglia di Carlo non ha molti soldi. Suo padre è [9]_____ e, benché stia cercando lavoro, non riesce a trovarlo. Suo fratello lavorava in un negozio ma ha litigato con il proprietario e lui lo [10]_____. Sua sorella fa la segretaria ma guadagna poco e per ottenere [11]_____ ha intenzione di [12]_____ insieme ai suoi colleghi. Il nonno di Carlo non può aiutare la famiglia perché ha ottantacinque ed [13]_____ vent'anni fa. Carlo è ancora piccolo, ma da grande vuole [14]_____ moltissimo per aiutare la sua famiglia.

B6) In gruppi di due o tre scambiatevi domande e risposte.

1. Che cosa studi o hai intenzione di studiare all'università?
2. Che lavoro vorresti trovare alla fine degli studi?
3. Quali fattori hanno influenzato la tua decisione?
4. Preferisci un lavoro molto stressante ma con uno stipendio alto, o uno meno stressante con uno stipendio più basso? Perché?
5. C'è disoccupazione nel tuo paese? In quale campo è più facile trovare lavoro?

C GRAMMATICA: IL CONGIUNTIVO PRESENTE, PASSATO, IMPERFETTO E TRAPASSATO

C7) Completa con il congiuntivo presente e passato.

1. Rosalba non vuole che suo marito _____ (sapere) dove abita.
2. Sembra che ieri Rosalba _____ (incontrare) Costantino in piazza.
3. A Rosalba dispiace che Constantino _____ (mettere) tanti volantini sui muri.
4. Rosalba ha paura che suo marito _____ (potere) rintracciarla.
5. Grazia e Rosalba preparano la minestra affinché Eliseo la _____ (mangiare).
6. Benché _____ (arrivare) una cliente, Fermo rimane a bere il tè e a chiacchierare nel retrobottega.
7. A Fernando dispiace che in tutto quel tempo Rosalba non gli _____ mai _____ (dire) che era sposata e che aveva due figli.
8. Rosalba e Grazia hanno l'impressione che Fernando _____ (essere) il padre di Eliseo.
9. Venezia è la più bella città che Rosalba _____ mai _____ (vedere).
10. Mimmo dubita che Costantino _____ (riuscire) a trovare Rosalba.

C8) Completa con il congiuntivo imperfetto e trapassato.

1. Grazia pensava che Costantino _____ (chiamarsi) Vittorio.
2. Fernando non immaginava che Rosalba _____ (sapere) suonare la chitarra.
3. Rosalba era contenta che Fernando le _____ (preparare) la colazione ieri mattina prima di uscire.
4. Era strano che il gruppo _____ (dimenticarsi) di Rosalba e che lei _____ (rimanere) tutta sola nell'autogrill.
5. Mimmo non poteva credere che Rosalba _____ (decidere) di prendersi una vacanza.

6. Tu e Nic siete usciti senza maglia sebbene ieri sera a Pescara _____(fare) fresco e _____(esserci) molta umidità.

7. Io e Rosalba pensavamo che Fermo non _____(vendere) gli iris alla cliente la settimana scorsa.

8. Era la musica più romantica che Rosalba _____ mai _____(suonare).

9. Grazia dubitava che Costantino le _____(dire) la verità e che _____ (fare) sul serio.

10. Mimmo e i ragazzi vorrebbero che Rosalba _____(ritornare) a casa.

D LETTURA E COMPRENSIONE

D9) Il lavoro e la produzione industriale in Italia

L'Italia è uno degli otto paesi più industrializzati del mondo, insieme agli Stati Uniti, al Canada, alla Francia, all'Inghilterra, alla Germania, al Giappone e alla Russia. I prodotti italiani sono esportati in tutto il mondo e il "made in Italy" è un marchio apprezzato ovunque. I settori pù importanti dell'economia italiana sono il turismo, i prodotti alimentari e il tutto design italiano, ma soprattutto la moda e l'arredamento.

Il turismo è la maggiore industria italiana. Le bellezze naturali e artistiche dell'Italia attirano ogni anno milioni di turisti, e ciò crea numerosi di posti di lavoro presso alberghi, ristoranti, villaggi turistici e navi da crociera non solo per gli italiani, ma anche per gli immigrati. Il design italiano nel campo della moda e in quello dell'arredamento è molto apprezzato in tutto il mondo. Stilisti come Gucci, Armani, Versace e Ferragamo vestono i divi e questo contribuisce alla loro notorietà. Ditte di arredamento come ArcLinea e Berloni producono cucine modernissime richieste in tutto il mondo. Anche le esportazioni dei prodotti alimentari italiani come l'olio d'oliva e la pasta sono molto fiorenti.

Nonostante le esportazioni di tutti questi manufatti e le produzioni industriali di grandi ditte come Fiat, Pirelli, Montedison e Olivetti, il tasso di disoccupazione in Italia, soprattutto al Sud, è ancora molto alto soprattutto se paragonato a quello degli altri paesi industrializzati. Molti giovani italiani dopo la laurea non riescono a trovare un lavoro e perciò sono costretti a rimandare il matrimonio e a continuare a vivere con i genitori perché non possono permettersi di affittare e tantomeno di comprare un appartamento.[9]

Rispondi alle seguenti domande:

1. Quali sono gli otto paesi più industrializzati del mondo?

2. Perché il turismo è la maggiore industria italiana?

3. In quali campi si è affermato il design italiano?

---

[9] vedi lettura in quarta sequenza

4. C'è un problema in Italia. Qual é? Dove si riscontra?

5. Che conseguenze ha questo problema?

Per l'esercitazione scritta:

Parla di una professione che ti piacerebbe svolgere e spiega perché. Indica anche quale corso di studi dovresti seguire per essere preparato per questa professione. Scrivi un saggio di 150 parole su questo argomento.

SETTIMA SEQUENZA

La settima sequenza si apre con il compleanno di Eliseo festeggiato insieme alla mamma, al nonno, a Grazia, a Costantino e, naturalmente, a Rosalba che per l'occasione suona la chitarra. Il giorno dopo, al lavoro di Rosalba, si presenta Ketty. La cognata accusa Rosalba di aver abbandonato la famiglia e le dice anche che Nic si droga. Così Rosalba torna a Pescara e riprende la vita di sempre. Quando cerca di parlare con Mimmo della sua assenza, lui non vuole nemmeno ascoltarla. Fernando è molto triste senza Rosalba e, quando Grazia gli rivela che il suo istinto femminile le dice che pure Rosalba ha nostalgia di lui, l'uomo parte per l'Abruzzo accompagnato da Costantino e Grazia. A Pescara i tre incontrano Rosalba nel parcheggio di un supermercato e Fernando le dichiara il suo amore. Nell'ultima scena del film vediamo Rosalba che suona la fisarmonica mentre Fernando canta guardandola affettuosamente.

A ATTIVITÀ DI COMPRENSIONE

A1) Ripensando a ciò che hai visto nella sequenza, completa le seguenti frasi.

1. Per festeggiare il compleanno di Eliseo...

_____

2. Rosalba decide di ritornare a Pescara perché...

_____

3. A Pescara Rosalba e Mimmo...

_____

4. A Venezia Fernando...

_____

5. Per andare a Pescara, poiché Fernando non ha la macchina,...

_____

6. Fernando dice a Rosalba che l'ama e così...

_____

A2) Indica se le affermazioni sono vere o false.

1. Ketty dice a Rosalba che Nic ha dei problemi.   **V   F**
2. Rosalba non avverte Fernando della sua partenza per Pescara.   **V   F**
3. Mimmo chiede spiegazioni a Rosalba a proposito della sua assenza.   **V   F**
4. Costantino cerca di consolare Fernando.   **V   F**
5. Grazia pensa che Rosalba abbia dimenticato Fernando.   **V   F**
6. Rosalba si rifiuta di partire per Venezia.   **V   F**
7. Fernando riprende la sua carriera di cantante.   **V   F**

A3) Riordina numericamente la sequenza di questo dialogo tra Fernando e Fermo.

1. _____ L'avevo capito. Mi porta sue notizie?

2. _____ Girasole, Fernando Girasole.

3. _____ Non vede un'autostrada da vent'anni. Cambi l'olio, gonfi le gomme e rispetti la sua età.

4. _____ Venga al dunque!

5. _____ Lei è Fermo?

6. _____ Le porto in pegno lo strumento. In cambio vorrei chiederle il furgone. So che ne possiede un esemplare per le consegne sulla terra ferma.

7. _____ E lei è Narciso.

8. _____ Intenderei calare negli Abruzzi e ricondurre qui Rosalba. Due compagni mi seguiranno nell'impresa.

9. _____ Sono il proprietario della fisarmonica che suonava la sua dipendente Rosalba.

B   AREA TEMATICA: IL CINEMA E IL TEATRO

B4) Dopo avere ricercato su Internet o sull'enciclopedia questi drammaturghi e registi Italiani, identificali con parole tue.

1. Carlo Goldoni

_____
_____
_____

2. Bernardo Bertolucci

_____
_____
_____

3. Luigi Pirandello

_____
_____
_____

4. Lina Wertmüller

_____
_____
_____

B5) Collega le espressioni alle giuste definizioni.

1. Un breve film
2. Lo tiene in mano chi canta o parla
3. La parte del teatro su cui si esibiscono i cantanti e gli attori
4. La persona che dirige un film
5. L'ufficio dove si comprano i biglietti
6. Il brano musicale principale di un film
7. Una tenda che si apre all'inizio dello spettacolo e si chiude alla fine
8. Esercitarsi prima di uno spettacolo
9. Una persona che interpreta scene pericolose e fisicamente difficili al posto di un attore
10. Li leggiamo quando guardiamo un film in una lingua che non conosciamo

a. il sipario
b. i sottotitoli
c. il cortometraggio
d. fare le prove
e. il microfono
f. il palcoscenico
g. il regista
h. la controfigura
i. la colonna sonora
j. la biglietteria

B6) In gruppi di due o tre scambiatevi domande e risposte.

1. Vai spesso al cinema? Quando? Con chi?
2. Quali film ti piacciono di più: quelli comici, drammatici, di avventura, di fantascienza o dell'orrore? Qual è il tuo film preferito?
3. Quali sono i tuoi attori preferiti e perché?
4. Conosci dei film e degli attori italiani? Quali?
5. Hai mai partecipato a una rappresentazione teatrale? Avevi una parte importante?

C GRAMMATICA: LA CONCORDANZA DEI TEMPI E IL PERIODO IPOTETICO

C7) Completate con i tempi corretti dell'indicativo o del congiuntivo, o con l'infinito.

1. Rosalba sperava di _____(potere) dimenticare Fernando.

2. Costantino ha detto a Mimmo che quella donna non _____(essere) Rosalba.

3. Fernando ha nascosto la corda prima che Rosalba _____(entrare).

4. Rosalba non sapeva che Mimmo _____(chiedere) a Costantino di pedinarla.

5. Rosalba aveva letto che Fermo _____(cercare) un commesso.

6. Prima di _____(uscire) Fernando ha preparato la colazione per Rosalba.

7. Rosalba ha paura che Nic _____(drogarsi).

8. A Fernando dispiace che Rosalba _____ (partire) e desidera che lei _____(ritornare).

9. Fernando vorrebbe che Fermo gli _____(prestare) il furgone perché spera di _____(riportare) Rosalba a Venezia.

10. Mi hanno detto che ieri _____(essere) il compleanno di Eliseo.

C8) Completate le seguenti frasi ipotetiche.

1. Mimmo sarebbe contento se...

2. Se Rosalba non avesse perso il treno per Pescara...

3. Se Fermo fosse più gentile con i clienti...

4. Il bagno di Grazia si sarebbe allagato se...

5. Se Alan, il figlio di Fernando, fosse una brava persona...

6. Se Mimmo l'ascoltasse, Rosalba...

7. Fernando non sarebbe andato in carcere se...

8. Costantino ritornerebbe dalla sua mamma se...

D LETTURA E COMPRENSIONE

D9) IL CINEMA ITALIANO

Il primo film girato in Italia fu un cortometraggio di Vittorio Calcina del 1896 intitolato *Umberto e Margherita di Savoia a passeggio per il parco*. Nel primo ventennio del Novecento i film erano soprattutto a carattere storico. Ricordiamo *La presa di Roma, 20 settembre 1870* di Filoteo Alberini del 1905 e *Gli ultimi giorni di Pompei* di Arturo Ambrosio del 1908 seguito da un remake del 1913 diretto da Mario Caserini. In questo stesso anno Enrico Guazzoni diresse il noto *Antonio e Cleopatra*.

Mussolini si rese conto dell'importanza del cinema come mezzo di propaganda. Per questo motivo nel 1935 istituì il Centro Sperimentale di Cinematografia, una scuola di cinema da cui uscirono registi famosi come Giuseppe De Santis e Roberto Rossellini. Nel 1937, poi, fondò Cinecittà, la Hollywood italiana.

Alla fine della Seconda Guerra Mondiale e della censura fascista, nacque una nuova corrente cinematografica, il Neorealismo. Il primo film di questo genere, realizzato da Roberto Rossellini nel 1945, pochi mesi dopo la morte di Mussolini, fu *Roma città aperta*. Questo film, come molti altri dello stesso Rossellini e di altri famosi registi come Vittorio De Sica e Luchino Visconti, avevano caratteristiche comuni: lo stile documentaristico, attori non professionisti, film girati in esterno e temi sociali come la povertà e la disoccupazione. Altri capolavori del Neorealismo sono *Ladri di biciclette* di De Sica, del 1947 e *La terra trema* di Visconti, del 1948.

Negli anni Sessanta si alternano diversi generi cinematografici: i film psicologici di Michelangelo Antonioni e Federico Fellini e la Commedia all'Italiana con capolavori come *Divorzio all'italiana* di Pietro Germi e *Il sorpasso* di Dino Risi, entrambi del 1961. Appartengono allo stesso periodo i film Spaghetti Western, dei western di stampo italiano resi immortali dalle bellissime colonne sonore di Ennio Morricone, vincitore di un Oscar alla carriera nel 2007.

Tra la fine degli anni Settanta e la metà degli anni Ottanta il cinema italiano attraversa un periodo di crisi che supera negli anni Novanta quando film come *Nuovo cinema Paradiso* di Giuseppe Tornatore, *Mediterraneo* di Gabriele Salvatores e *La vita è bella* di Roberto Benigni vincono l'Oscar per migliore film straniero. Altri film recenti che hanno avuto un gran successo di pubblico sono *La stanza del figlio* di Nanni Moretti che ha vinto la Palma d'Oro al festival del cinema di Cannes nel 2001, *Le chiavi di casa* di Gianni Amelio del 2004 e *La bestia nel cuore* di Cristina Comencini del 2005.

Rispondi alle seguenti domande:

1. Che film si facevano in Italia ai primi del Novecento?

2. Che contributo dette Mussolini all'industria cinematografica italiana? Perché?

3. Che caratteristiche avevano i film del Neorealismo?

4. Quali generi cinematografici erano popolari in Italia negli anni Sessanta?

5. Quali film italiani hanno vinto l'Oscar negli anni Novanta?

Per l'esercitazione scritta:

In circa 150 parole racconta la trama di un film che hai visto di recente.

SOLUZIONI

PRIMA SEQUENZA

A1) answers will vary

A2) 1-lei è di Udine; 2-avevo capito; 3-ci va per lavoro; 4-non proprio; 5-prima di trasferirsi; 6-mi ha invitato; 7-io non ci sono mai stata; 8-se vuole la porto io; 9-lei guida.

A3) 1-d; 2-f; 3-g; 4-h; 5-i; 6-c; 7-b; 8-e; 9-a.

B4) 1-b; 2-e; 3-a; 4-c; 5-f; 6-d.

B5) 1-diciotto; 2-il foglio rosa; 3-l'autoscuola; 4-medico legale; 5-certificato medico; 6-sedici.

B6) answers will vary

C7) 1-farà, ripartirà; 2-hanno, devono; 3-arriveremo, andremo; 4-cercherà, troverà, potrà; 5-riesce, si arrabbia, dice, vuole; 6-vedremo.

C8) suggested answers: 1-forse non comunicherà con suo marito; 2-avrà delle difficoltà senza Rosalba; 3-sarà più felice a Venezia; 4-avrà sonno; 5-il cuoco sarà malato.

D9) suggested answers: 1-in Italia l'automobile si può guidare a diciotto anni e prima di quell'età è possibile guidare il motorino; 2-è un documento che permette di esercitarsi al volante; 3-ci si può esercitare o con l'istruttore dell'autoscuola o con una persona che abbia la patente da almeno dieci anni; 4-l'esame di teoria e quello di pratica; 5-il patentino; 6-norme di comportamento, segnaletica e educazione al rispetto della legge.

SECONDA SEQUENZA

A1) answers will vary

A2) 1-c; 2-d; 3-a; 4-f; 5-b; 6-e.

A3) 2, 4, 7, 1, 8, 3, 6, 5, 9.

B4) 1-anfiteatro, rovine; 2-necropoli, urne cinerarie, reperti archeologici; 3-scavi, archeologi, villa, affreschi; 4-sito archeologico, templi, colonne; 5-busti, statue, anfore.

B5) answers will vary

B6) 1-la patente; 2-l'istruttore; 3-l'ascensore; 4-la trattoria; 5-il certificato; 6-riposare.

C7) 2-Rosalba ha telefonato a suo marito...; 3-all'ora di pranzo Rosalba è andata al ristorante e ha parlato con il cameriere; 4-nel pomeriggio Fernando ha accompagnato Rosalba...; 5-la mattina del secondo giorno Rosalba ha incominciato a lavorare...; 6-dopo il lavoro Rosalba è ritornata...; 7-Rosalba è entrata a casa...; 8-Fernando ha rinunciato a suicidarsi; 9-qualcuno ha suonato alla porta.

C8) 1-hanno deciso; 2-si è fermato; 3-sono scesi; 4-era; 5-si sono accorti; 6-è ripartito; 7-aveva; 8-ricordava; 9-aspettava; 10-ha incontrato; 11-ha dato; 12-si è diretta.

C9) 1-aveva già preso la patente; 2-era già ripartito; 3-si erano già sposati; 4-aveva già perso il treno; 5-aveva già preparato la colazione ed era uscito; 6-aveva già avuto due figli; 7-aveva già nascosto la corda.

D10) suggested answers: 1-i Greci, gli Etruschi ei Sanniti; 2-era un centro industriale e commerciale e i ricchi romani ci andavano per via della sua posizione vicino il mare; 3-ci fu un forte terremoto che distrusse molti edifici; 4-furono sepolte dalla lava e dalle ceneri del vulcano; 5-perché permettono di vedere una cittadina romana in ottimo stato di conservazione e ci danno un quadro della vita dell'epoca.

TERZA SEQUENZA

A1) answers will vary.

A2) 1-non c'è Fernando; 2-non lo so; 3-la prego, mi aiuti; 4-di qua; 5-bisogna chiudere; 6-e dov'è; 7-come dov'è; 8-non mi sono nemmeno presentata; 9-non so come avrei fatto; 10-un'ospite; 11-s'è tutta bagnata.

A3) 1-V; 2-F; 3-F; 4-F; 5-V; 6-F; 7-V; 8-F; 9-V; 10-F.

B4) 1-matrimoniale; 2-la scalata; 3-l'abbonamento; 4-gli occhiali da sole; 5-il biglietto.

B5) 1-turisti; 2-alberghi; 3-pensioni; 4-ostelli della gioventù; 5-camere singole; 6-l'aria condizionata; 7-il televisore; 8-campeggi; 9-una tenda; 10-un sacco a pelo; 11-prenotare.

B6) answers will vary

C7) 1-glielo; 2-se ne; 3-glielo; 4-lo; 5-ci, le.

C8) 1-gliel'ha servita perché la cuoca è malata; 2-ce l'ha nascosta perché non vuole che Rosalba la veda; 3-ce ne ha portati cinque; 4-te la mostreremo domani; 5-sì, vi ci porteremo.

D9) suggested answers: 1-un'Italia meno conosciuta; 2-è un bellissimo castello sul mare a Trieste; 3-a Mantova gli affreschi del Mantegna, e a Ravenna i mosaici bizantini; 4-Terni e l'Aquila; 5-abitazioni preistoriche scavate nella roccia. 6-il Duomo e il Museo Nazionale della Magna Grecia. 7-la cittadina di Enna e gli antichi Nuraghi.

QUARTA SEQUENZA

A1) answers will vary

A2) 1-e; 2-a; 3-d; 4-f; 5-g; 6-b; 7-c.

A3) 1-d; 2-e; 3-a; 4-f; 5-g; 6-b; 7-c.

B4) 1-il contratto; 2-stirare; 3-il mutuo; 4-l'inquilina; 5-annaffiare; 6-dare la cera.

B5) in cucina: scolare, tritare, friggere, la padella, affettare; **a tavola:** il bicchiere, il piatto, il cucchiaio, la forchetta, il coltello, apparecchiare, sparecchiare, il tovagliolo, la tovaglia; **le pulizie:** le faccende domestiche, lavare i vetri, spolverare, stirare, fare il bucato, dare la cera, passare l'aspirapolvere.

B6) answers will vary

C7) 1-riordinate la camera; 2-abbi pazienza; 3-faccia un bouquet...; 4-beva del vino rosso; 5-finisci il caffè; 6-scelga le rose; 7-siate gentili; 8-prendi l'asciugacapelli....

C8) 1-lasciala!; 2-non beveteli!; 3-glielo faccia!; 4-non svegliarti tardi!; 5-ascoltatemi!; 6-me ne porti (un po')!; 7-prestamelo!; 8-non lasciarceli!

D9) suggested answers: 1-mammone è un figlio adulto ancora molto dipendente dalla mamma, e vitellone è un figlio adulto che si comporta ancora come un adolescente immaturo; 2-i ragazzi sono più mammoni e le ragazze sono più indipendenti; 3-è comodo avere la mamma che cucina e stira e che ascolta i problemi; 4-sì, perché rappresentano un valido aiuto in caso di necessità; 5-c'è disoccupazione, gli stipendi sono bassi, gli affitti e i mutui sono molto cari.

QUINTA SEQUENZA

A1) answers will vary

A2) 1-mi deve scusare; 2-devo ammettere; 3-quale macchia?; 4-lasciano un segno indelebile; 5-questo particolare; 6-ma che aveva fatto?; 7-era un caro amico.

A3) 1-d; 2-c; 3-A; 4-G; 5-b.

B4) 1-cantautore; 2-la batteria; 3-la fisarmonica; 4-ha orecchio, è stonato; 5-accordare; 6-lo spartito; 7-il violoncello, la chitarra, il sassofono, la tromba; 8-le prove.

B5) answers will vary

B6) answers will vary

C7) suggested answers: 1-io vorrei fare un giro in gondola; 2-Grazia berrebbe un caffè al bar; 3-Eliseo e Adele vivrebbero a Venezia; 4-tu e Fernando giochereste a carte tutto il pomeriggio; 5-tu dovresti lavorare in cucina; 6-io e Rosalba pagheremmo 50.000 lire per l'albergo; 7-Mimmo, Salvo e Nic vedrebbero un film a casa di Grazia; 8-Costantino andrebbe al Ponte di Rialto.

C8) suggested answers: 1-avrebbe visto i templi; 2-avrebbe preparato una corona; 3-avresti ordinato una cena fredda; 4-avremmo comprato i biglietti; 5-sareste andati al mare; 6-lo avrebbe salutato; 7-avrei fatto molte foto; avrebbero aspettato Rosalba.

C9) suggested answers: 1-prima era melodica e poi è stata influenzata dal rock; 2-ha influenzato molti cantanti e canzoni; 3-a causa dei suoi cantautori; 4-sono tematiche romantiche, politiche e sociali; 5-hanno cantato in varie lingue diffondendo la musica italiana anche all'estero; 6-hanno cantato in grandi concerti di beneficenza insieme a famosi interpreti italiani e stranieri.

SESTA SEQUENZA

A1) answers will vary

A2) 1-g; 2-h; 3-i; 4-f; 5-a; 6-k; 7-c; 8-d; 9-b; 10-e.

A3) 1-d; 2-e; 3-b; 4-a; 5-c.

B4) 1-il dentista; 2-commercialista; 3-la casalinga; 4-l'idraulico; 5-il cantante, il cameriere; 6-l'avvocato, il giudice; 7-meccanico; 8-architetto.

B5) 1-part-time; 2-a tempo pieno; 3-fare domanda; 4-curriculum vitae; 5-agenzia di collocamento; 6-un colloquio; 7-assuma; 8-stipendio; 9-disoccupato; 10-ha licenziato; 11-un aumento; 12-fare sciopero; 13-è andato in pensione; 14-guadagnare.

B6) answers will vary

C7) 1-sappia; 2-abbia incontrato; 3-abbia messo; 4-possa; 5-mangi; 6-sia arrivata; 7-abbia mai detto; 8-sia; 9-abbia mai visto; 10-riesca.

C8) 1-si chiamasse; 2-sapesse; 3-avesse preparato; 4-si fosse dimenticato, fosse rimasta; 5-avesse deciso; 6-facesse, ci fosse; 7-avesse venduto; 8-avesse mai suonato; 9-dicesse, facesse; 10-ritornasse.

D9) 1-Italia, Stati Uniti, Canada, Francia, Inghilterra, Germana, Giappone e Russia; 2-perché il grande afflusso di turisti crea molti posti di lavoro presso strutture alberghiere e ristoranti; 3-nei campi della moda e dell'arredamento; 4-un problema è la disoccupazione che è diffusa soprattutto al Sud; 5-a causa di questo problema molti giovani devono rimandare il matrimonio e restare a casa con i genitori.

SETTIMA SEQUENZA

A1) answers will vary

A2) 1-V; 2-F; 3-F; 4-V; 5-F; 6-F; 7-V.

A3) 5, 7, 2, 9, 1, 6, 4, 8, 3.

B4) answers will vary

B5) 1-c; 2-e; 3-f; 4-g; 5-j; 6-i; 7-a; 8-d; 9-h; 10-b.

B6) answers will vary

C7) 1-potere; 2-è; 3-entrasse; 4-avesse chiesto; 5-cercava; 6-uscire; 7-si droghi; 8-sia partita, ritorni; 9-prestasse, riportare; 10-era.

C8) suggested answers: 1-Rosalba tornasse; 2-sarebbe partita; 3-ne avrebbe di più; 4-Rosalba non l'avesse aiutata; 5-si prenderebbe cura di Eliseo; 6-gli racconterebbe la sua avventura; 7-non avesse accoltellato quell'uomo; 8-Grazia lo lasciasse partire.

D9) suggested answers: 1-film storici; 2-il CSC e Cinecittà perché considerava il cinema un ottimo mezzo di propaganda; 3-stile documentaristico, attori non professionisti, temi sociali; 4-film psicologici, commedia, spaghetti western; 5-*Nuovo Cinema Paradiso, Mediterraneo* e *La vita è bella*.

ITALIAN FILM TEXTBOOK

An UNTRADITIONAL TEXTBOOK for intermediate/advanced Italian through 21st century cinema

Check it out.
It's a breath of fresh air.

EDIZIONI FARINELLI

- Deep analyses of short clips carefully selected from 10 award-winning, 21st century Italian films
- Discussion of contemporary Italian society - influence of the church, changes in society, politics, immigration, unemployment, and the pervasive influence of commercial TV
- Pre-viewing and post-viewing exercises; original literature; grammar explanations for each unit
- 232 pages, illustrated
- "The strength of this book for intermediate to advanced courses is undoubtedly in its multiple approach to the teaching of Italian through cinema and of Italian cinema through language." (Clarissa Clò, Director of the Italian Studies Program, San Diego State University)

WWW.EDIZIONIFARINELLI.COM